AF565420

Reise durch

NICARAGUA

Bilder von
Christian Heeb

Texte von
Andreas Drouve

Stürtz

Erste Seite:
Ein typisches Alltagsbild in Granada: mobiler Händler, bunte Fassaden, Frauen und Kinder unterwegs.

Vorherige Seite:
Der Vulkanriese Concepción drückt der im Nicaragua-See gelegenen Insel Ometepe seinen Stempel auf.

Unten:
Zur Karwoche pilgern die Nicaraguaner zum Heiligtum von Popoyuapa, um dort ein Christusbildnis (Nuestro Señor del Rescate de Popoyuapa) zu verehren.

Seite 10/11:
Wenn sich die Sonne über Granada senkt, erstrahlt die Kathedrale in einem ganz besonderen Licht.

Inhalt

TOYOTA

Links:
Hier kann man's aushalten: An der Pazifikküste findet man noch menschenleere Strände.

Links unten:
Der Vulkan Masaya dampft und dampft im Nationalpark Volcán Masaya. Das wahre Schauspiel der Farben setzt allerdings erst mit der Dämmerung ein.

sentlich über der 2000-Dollar-Grenze. Von der Armut betroffen sind vor allem Frauen, jüngere Menschen und indigene Ethnien. Für Traveller ist nie auszuschließen, Opfer eines Diebstahls zu werden. Um nicht übermäßig Aufmerksamkeit zu erregen, sollte man sich unterwegs so unauffällig und leger wie möglich kleiden und Wertsachen niemals öffentlich zur Schau stellen. Hilfreich ist es vor Reiseantritt, die aktuellen Reise- und Sicherheitshinweise auf der Webseite des Auswärtigen Amtes zu studieren.

Begegnungen

Die Begegnungen mit freundlichen, offenherzigen Menschen wird viele Reisende überwältigen. Rufe ich mir meine Touren ins Gedächtnis, habe ich allerorten strahlendste Lächeln geschenkt bekommen, selbst von Malocherinnen bei der Knochenarbeit auf den Tabakfeldern um Estelí oder in Managua auf dem Mercado Oriental, einen Großmarkt, auf den es eigentlich keine Fremden verschlägt. Und trotzdem: Jedermann inmitten des Gebrauchsmarktgewirrs gab sich zuvorkommend und liebenswürdig, war bereit zum Plausch, animierte den Besucher aus „Alemania" sogar zu Erinnerungsfotos. Ob vor dem Schraubensortiment, Lackeimern, Kloschüsseln, Obstständen oder Autozubehörteilen.
Beim Besuch in der Landgemeinde El Chile lerne ich eine in Eigeninitiative entstandene Webwerkstatt von Frauen der indigenen Matagalpa kennen, von denen die erfahrenste, Francisca Zamora, mir sagt: „Für mich heißt das hier, Traditionen zu retten." Andersartige Kunst pflegen die Menschen auf der Insel Mancarrón im Archipel Solentiname. So wie Noidi Peña Ponce, Ende zwanzig. Sie hat zwar die Schule bis zum Ende besucht, doch für ein Studium am Festland fehlte der Mut. Oder das Geld. Ihr heutiger Hauptjob ist es, als Autodidaktin geschnitzte Vögel aus Balsaholz bunt zu bemalen. Sport würde sie gerne treiben. Oder mal ausgehen. Dazu gibt es auf der Insel, auf der sie in einer Hütte geboren wurde, weil es Mutter Yamileth nicht mehr bis ans Festland nach San Carlos schaffte, keine Gelegenheit. Das Freizeitvergnügen vermisst sie zwar, weiß aber auch, dass sie in einem kleinen Friedensparadies lebt. Im Hintergrund zwitschern die

Vögel, während sie den Pinsel schwingt und Farben aufträgt. Kein Motorenlärm trübt die Stille. Es gibt keine Straße, keine Mofas, keine Autos. Einzig ein betonierter Weg läuft an den Häusern entlang. Herkömmlichen Strom gibt es auch nicht. Wer „Saft" braucht, bezieht ihn über Generatoren oder Solarmodule. Etwas Abwechslung bringen Fernsehen und Internet ins Leben. „Wie überall", befindet sie und schiebt hinterher, dass Alkoholismus unter Jugendlichen ein Problem sei. So heil, wie sie scheint, ist die Inselfassade also nicht. Leider. Und das sei hiermit nicht verheimlicht. In der Kolonialstadt Granada habe ich das „Haus der drei Welten" als ganz besonderen Ort der Begegnung und eines der herausragenden internationalen Hilfsprojekte empfunden. Dazu nachfolgend mehr.

Das „Haus der drei Welten" in Granada

„Wie eklig!", ruft eines der Mädchen, als ihr Töpferkursleiterin Ligia Sandino einen feuchten Tonklumpen in die Hand drückt. Bald haben sich die Kinderhände daran gewöhnt, und an den Tischen beginnt ein munteres Werkeln. Durch die geöffneten Türen streichen warme Luftzüge hinein. Draußen holpern gelegentlich Pferdekarren vorbei.

Der Frühnachmittagskurs „Töpfern für Sechs- bis Elfjährige" gehört zum vielfältigen Angebot im „Haus der drei Welten", der Casa de los Tres Mundos. Prominente Gründerväter waren 1987 der österreichische Schauspielstar Dietmar Schönherr und der nicaraguanische Dichter und seinerzeitige Kulturminister unter den Sandinisten, Ernesto Cardenal. Hinter der ambitionierten Initiative steckte die Idee, im damals zerrissenen Nicaragua der Revolutionszeit ein facettenreiches Kultur- und Sozialprojekt aufzubauen, wobei der Schwerpunkt auf der kreativen Förderung von Kindern und Jugendlichen liegen sollte. Fortan halfen viele Solidaritätsbegeisterte ehrenamtlich mit, ob Handwerker oder Studenten. Die Chronik des Hauses gibt Aufschluss zum Kerngedanken, der unverändert Gültigkeit besitzt: „Nur eine mehrschichtige Förderung von kulturellen, materiellen und edukativen Aspekten kann selbsttragende Veränderungen bewirken und die Lebensbedingungen der Menschen nachhaltig verbessern."

Den einstigen Auftakt der Aktivitäten im „Haus der drei Welten" machte eine Druckwerkstatt. Dann ging es Schritt für Schritt voran. Die Grafikwerkstatt existiert nach wie vor, dazu gesellten sich die Musikschule, eine Theaterschule, zwei Chöre, eine Bibliothek und die Kindermalschule „Infantilarte", wo der Nachwuchs auch töpfern kann. Die Angebote sind

Eine Bootsfahrt führt am Rand von Granada zu den Isletas de Granada, einem Archipel im Nicaragua-See. Das riesige Gewässer ist auf Spanisch als Lago de Nicaragua oder auch Lago Cocibolca bekannt.

komplementär zur Schule zu verstehen, wo weder eine künstlerische noch musikalische Ausbildung auf dem Lehrplan vorgesehen sind. Das dient nicht zuletzt der Persönlichkeitsbildung des Nachwuchses.

Über die Kurse hinaus gibt es im Schnitt zwei Kulturveranstaltungen pro Woche. Das kann ein Konzert sein, ein Theaterstück, eine Ausstellungseröffnung, eine Dichterlesung. Damit setzt das „Haus der drei Welten", das mitten im historischen Zentrum Granadas liegt, Maßstäbe und lockt Besucher an. Beim Rundgang gibt's für mich eine Zusatzüberraschung. Wer neben einem der Innenhöfe eine unscheinbare Tür öffnet und dahinter eine Abstellkammer vermutet, liegt falsch. Plötzlich finde ich mich im kleinen, professionellen Studio von „Radio Volcán" wieder. Es ist der hauseigene Radiosender der Casa de los Tres Mundos. Im Studio ist gerade Moderator Gerard Sequeira mit einer Stunde Romantikmusik am Mittag auf Sendung und bringt in den Anmoderationen seine sonore Schmusestimme zum Einsatz. Im Rücken von Gerard wirbelt ein Ventilator, zusätzlich sorgt eine Klimaanlage für Kühlung. Bei „Radio Volcán" gibt es die unterschiedlichsten Programme, erklärt Koordinator Danilo Brenes: von Sport über Nachrichten bis zu Cumbia-Rhythmen. Und einmal wöchentlich berichtet eine einstündige Sendung über die kulturellen Aktivitäten der Casa de los Tres Mundos. „Radio Volcán" hat eine beachtliche Zahl an Followern auf Facebook und werde allein im Internet von bis zu 16 000 Menschen gehört, erklärt mir Danilo Brenes stolz. Spendengelder sind wichtig für den Weiterbetrieb. Das weiß man auch bei anderen löblichen Initiativen, zu denen der Verein „Städtepartnerschaft Wiwilí-Freiburg" zählt.

Die Geschichte von Bierbrauer José Marcel

Nicaraguas touristisches Kapital ist die Ursprünglichkeit, das Unverfälschte. Da geht Entdeckern das Herz auf. Was nicht zum Trugschluss führen möge, dass in einem der ärmsten Länder Lateinamerikas überall Rückständigkeiten grassieren oder Hinterwäldler leben. Einer, der vorgemacht hat, was sich mit Beharrlichkeit und dem Glauben an sich selbst erreichen lässt, ist José Marcel Sánchez, promovierter Mikrobiologe, geboren Mitte der 1980er-Jahre. Hier ist seine Geschichte, die er mir persönlich erzählt hat.

Jeder Ort, auch Catarina, hat seine Fiesta. Dann werden vor der Kirche folkloristische Tänze aufgeführt.

Ein Stipendium verhilft José Marcel, der aus bescheidenen Verhältnissen stammt, zum Studium im Nordwesten der USA, in Seattle. Nach der Rückkehr in seine Heimat schlägt er auf dem harten Boden der Realität auf. Jobs sind Mangelware, auch für einen hochausgebildeten Mann wie ihn. Einige Zeit hält er sich mit der Arbeit in einem Callcenter über Wasser, doch ein Traum beginnt in ihm zu reifen. Er will Handwerksbierbrauer werden, der erste im Land. Nachteil: Er hat von Hopfen und Malz keine Ahnung. Zumindest zwei Voraussetzungen bringt er mit, erzählt er in der Rückschau: „Als Mikrobiologe kannte ich mich mit Formeln aus. Und ich mochte Craft Beer, das ich in Seattle kennengelernt hatte."

In der Küche seines Elternhauses im Dorf Dolores, ein paar Kilometer von der Panamericana entfernt in Nicaraguas südwestlichem Inland, treibt es José Marcel immer wieder an den Herd. Nach Quellenstudien und dem Learning-by-doing-Prinzip experimentiert er so lange mit Bier drauf los, bis ihn die Resultate überzeugen. Er holt seinen Schwager ins Boot der Geschäftsidee, erkämpft sich bei der Bank einen Kredit als Start-up und gründet das Unternehmen „Moropotente", was „potenter Maure" bedeutet. Eine augenzwinkernde Hommage an seinen Urgroßvater, der aus Südspanien stammte, wegen seines dunklen Teints nur „der Maure" genannt wurde und laut José Marcel „30 Kinder zeugte". Dies, so ergänzt er und lacht, „allerdings nicht mit derselben Frau."

Die Produktivkraft hat José Marcel geerbt, obgleich auf anderem Gebiet. Im Schuppen hinter seinem Elternhaus baut er eine Zwei-Raum-Brauerei samt Labor und Warenlager auf. Er initiiert den Import von Maschinen und Ingredienzen, entwickelt mit Helfern den Prototyp einer Flaschenabfüllanlage. Restaurants und Kneipen avancieren zu ersten Kunden, er erhält den Nationalen Innovationspreis. Das spornt zum Umzug seines Kleinunternehmens an. Er stellt es auf ein professionelleres Fundament und gibt knapp drei Dutzend jungen Leuten aus der Gegend Beschäftigung. „Das bewahrt sie vor der Emigration nach Costa Rica", schätzt José Marcel die Abwanderungen zum ungeliebten Landesnachbarn realistisch ein. Dann holt er zu einem tieferen Ansatz aus, der poetische

Töne annimmt: „Wir haben ein Geschäftsmodell entwickelt, bei dem der Mensch im Mittelpunkt steht. Mehr als nur Bier zu produzieren, füllen wir Inspiration ab. Die notwendige Inspiration für so viele nicaraguanische junge Leute, die nicht daran glauben, ihre Träume zu erfüllen." José Marcel hat vorgemacht, wie es gehen kann. Er ist ein Symbol des Wandels und Aufbruchs in Nicaragua.

Anzeichen von „Amerikanisierung"

Führen wir kurz das Thema Tourismus fort, das in Zukunft weiter Fahrt aufnehmen wird. Obgleich Bierbrauer José Marcel selbst involviert ist, da er mit seinen Produkten auch Hotels und Restaurants in Touristenorten beliefert, hat er mit kritischem Blick bereits gewisse Anzeichen von „Amerikanisierung" ausgemacht. Dazu zählen aufgestellte Trinkgeldboxen und Preisangaben in Dollar statt in der Landeswährung „Córdoba Oro". Hier zeichnet sich in kleinen Ansätzen bereits ein Verlust von Authentizität ab, wie er beim südlichen Landesnachbarn Costa Rica in stark fortgeschrittenen Stadien erkennbar ist. Dort ist die Natur zur immer leichter zugänglichen Freizeitbühne avanciert, angereichert mit kommerzorientierten Outdoor-Spektakeln wie Seilrutschen. Ein langes Seilrutschensystem gibt es mittlerweile auch im Hinterland von San Juan del Sur. Da steht zu befürchten, dass dies nur der Anfang gewesen sein könnte.

Das Damoklesschwert des Nicaragua-Kanals

Es gibt jedoch eine weitere, deutlich größere Gefahr, die mittel- bis langfristig zu gravierendsten Umwälzungen im Land führen könnte: der in Planung stehende Bau des Nicaragua-Kanals, der Ende 2014 offiziell seinen ersten Spatenstich erlebt hat und dem Panama-Kanal als interozeanische Welthandels- und Abkürzungsroute Konkurrenz machen soll. Ein Blick auf die Landkarte lässt unschwer erkennen, dass sich Nicaragua längst nicht so schmal zusammenzieht wie Panama und ein größenwahnsinniges Bauvorhaben noch schwieriger wäre. Trotzdem schweben Pläne, Studien und der Fortgang der Arbeiten wie ein Damoklesschwert über Nicaraguas Naturhaushalt und vielen Menschen, die von Enteignungen und Zwangsumsiedlungen betroffen wären.
Ob es den Kanal und die Unterfütterung mit Geldern aus dem Ausland überhaupt geben wird, ob er jemals in einer angestrebten Länge von 280 Kilometern und unter Einbeziehung des Nicaragua-Sees gebaut werden könnte, steht in den Sternen. Bis zu 500 Meter breit und 30 Meter tief soll er werden. So ungewiss der

Gut sortierte Marktstand-Auswahl im Städtchen Estelí. Überall in Nicaragua kann man sich gut und günstig eindecken.

Ausgang erscheint, so eindringlich sind die Warnungen, die der Dichter und linke Querdenker Ernesto Cardenal einmal in einem Manifest erhoben hat. Unter dem Titel „Die Monstrosität des Kanals" prangerte er die Politverantwortlichen an, die dubioses grünes Licht gegeben hatten, und malte hinsichtlich des Nicaragua-Sees ein düsteres Szenario aus: „Mit jedem Schiff, das vorbeizieht, würde eine große Menge an Süßwasser ins Meer gehen. Der große See hätte nur noch einen Zweck: die Schifffahrt. Wir können keine Nahrung mehr durch Bewässerung produzieren, wir werden nur noch Schiffe vorbeifahren sehen. Man wird das Wasser des Sees auch nicht mehr trinken können. Man muss auch beachten, dass es viele sind, die vom Fischfang im See leben und es nicht mehr können werden." Zahlreiche Orte wären durch den Verlust des Sees betroffen, der Archipel Solentiname und die vor Granada gelegene Inselwelt der Isletas de Granada buchstäblich vom Untergang bedroht: „Die Isletas de Granada würden verschwinden, da die Schleusen den Spiegel des Sees um zwei Meter anheben würden." Mit diesem Kanal, so Cardenal, würde sich der Nicaragua-See, „der für uns ein Segen Gottes ist, in einen Fluch verwandeln. Den Nicaragua-See zu zerstören, wäre das größte Verbrechen der Geschichte unseres Landes." Sollte der Kanalbau im Laufe der nächsten Jahrzehnte tatsächlich mit allen Konsequenzen Wirklichkeit werden, möge man sich der visionären Worte des Ernesto Cardenal erinnern. Was uns das ebenfalls sagt? Wer als Traveller zu spät kommt, läuft auch hier Gefahr, vom Leben bestraft zu werden.

Seite 22/23: *In León, der Stadt der Kirchen, blickt man über das Gotteshaus La Recolección hinaus ins umgebende Vulkanland.*

Seite 24/25: *Im Gebiet um Estelí konzentrieren sich diverse Zigarrenfabriken; die Produkte sind mühevolle Handarbeit.*

HOGAR ESCUELA
LA RECOLECCION
NDADO EL 22 DE NOV DE

4·6
3·9
2·6
1·9

4·5
3·8
3·2
2·5

Das Herz der Kolonialstadt Granada versprüht mit seinen säulengeschmückten Fassaden ein ganz besonderes Flair.

Granada ist im Kern eine der schönsten Kolonialperlen Mittelamerikas. Kirchen recken ihre Turmhälse empor. Fassaden leuchten gelb und orange. Kutschen ruckeln umher, die Pferde tragen Windeln. So bleibt Granada sauber. Abends, wenn sich die Dämmerung über den grünen Zentralplatz legt, herrscht eine besondere Stimmung.

Beliebte Ausflüge führen ab Granada ins Naturschutzgebiet des erloschenen Vulkans Mombacho, auf den Kunsthandwerksmarkt von Masaya und zum Archipel der Isletas de Granada im Nicaragua-See. Käpten Félix macht sein Ausflugsboot startklar, das die glasklare Fläche in einem Nebenarm zerteilt. Baumriesen werfen ihre Spiegelbilder ins Wasser. Bald sind die offenen Weiten erreicht. Der Nicaragua-See gleicht einem Binnenmeer. Vielerorts werfen Fischer ihre Netze aus. Lange Anfahrtswege braucht es, um weitere Seiten des Sees zu erkunden. Im Westen bringt eine Fähre auf die Großinsel Ometepe mit dem Bilderbuchvulkan Concepción und einem kleineren, dem Maderas. Im Südosten schippern Boote ab San Carlos zum einsamen Archipel Solentiname. In San Carlos fließt der Río San Juan aus dem See ab; Flussboote bringen stromabwärts in den Ort El Castillo, überragt von einer alten Festung der Spanier.

Die Hauptstadt Managua verliert sich in Mittelmäßigkeit. Dagegen sind der Kratersee Laguna de Apoyo und der Nationalpark Volcán Masaya echte Naturwunder. Dort liegt der Aussichtspunkt am Rand des aktiven Vulkans, der dampft und in der Tiefe Lava spuckt. Ein grandioses Schauspiel bei Dunkelheit. Es mutet an, als hätte jemand im Erdinneren orangerote Lichter angeknipst.

Wer Lust auf Strände hat, reist nach San Juan del Sur an den Pazifik. Die Bucht breitet sich hufeisenförmig aus, der Einstieg ins Meer ist lang und sacht.

Rechts:
Durch die Hauptstadt Managua verlaufen breite Verkehrsachsen, die je nach Tag und Stunde aber verstopft sein können.

Ganz rechts:
Das Denkmal für den nicaraguanischen Dichter Rubén Darío (1867–1916) steht in der City von Managua.

Rechts:
„Lichtdenkmal" für den historischen Befreier Augusto César Sandino (1895–1934) in Managua. Auch der Flughafen der Hauptstadt ist nach ihm benannt.

Oben:
Managuas Alte Kathedrale (Catedral Vieja) wurde beim Erdbeben 1972 schwer zerstört und ist heute eine Ruine. Begonnen wurde der Bau im Jahre 1925.

Links:
Nicaraguas neoklassizistischer Präsidentenpalast in Managua zieht sich markant in die Breite. Errichtet wurde er in den 1930er-Jahren.

Rechts:
Auch in der Hauptstadt Managua pulsiert das Marktgeschehen, hier auf dem Mercado Oriental. Touristen sind dort kaum zu sehen.

Rechts:
In Managua finden die von reichlich Blumenschmuck begleiteten Patronatsfeierlichkeiten zu Ehren des heiligen Dominikus Anfang August statt.

Ganz rechts:
Nicht jeder Baum in Managua ist echt – die bunten Kunstbäume verteilen sich über die ganze Stadt und leuchten bei Dunkelheit.

Imbisswagen ohne Motor: ein radelnder Suppenverkäufer in Managua.

Gesichter Managuas auf dem Großmarkt Mercado Oriental. Die Begegnungen mit den freundlichen, offenherzigen Menschen wird viele Reisende überwältigen.

Prominente Nicaraguaner

Der weltweit bekannteste Nicaraguaner ist der Dichter und Befreiungstheologe Ernesto Cardenal, 1925 geboren in Granada. Aus seiner linksgerichteten Gesinnung machte er nie einen Hehl. Seine Haltung war oft unbequem und seine Lyrik stets religiös, stark politisch und sozial engagiert. In seiner Heimat bekleidete Cardenal 1979 bis 1987 das Amt des Kulturministers zu Zeiten der sandinistischen Regierung, was ihm die Suspendierung als katholischer Priester einbrachte. 1980 erhielt er den Friedenspreis des Deutschen Buchhandels.

Interview mit Ernesto Cardenal

Zu seinem Geburtstag 2017 durfte ich ein Interview mit dem hochbetagten Ernesto Cardenal führen, das ich für ein bedeutendes Zeitzeugnis halte. Nachfolgend die wichtigsten Auszüge:

Frage: Señor Cardenal, wo und wie leben Sie heute?
Cardenal: Ich lebe in Managua. Ich lebe fast allein, begleitet von einer Dame, die für mich kocht, und einem Fahrer, der mich über Tag begleitet. Zwei Fahrer, die mich Tag und Nacht begleiten würden, kann ich nicht bezahlen. Wenn ich abends weg will, suche ich jemanden, der mich begleitet, aber ich gehe so gut wie nie weg.

Frage: Sind Sie noch dichterisch aktiv?
Cardenal: Als Poet schreibe ich weniger, weil ich weniger Themen finde, über die ich schreiben könnte.

Frage: Haben Sie sich – als einst suspendierter katholischer Priester – mit der Kirche versöhnt?
Cardenal: Mit der Kirche hat bei mir deshalb keine Versöhnung stattgefunden, weil ich niemals von ihr getrennt war. Ich habe einfach eine Strafe dafür bekommen, ein Regierungsamt bekleidet zu haben. Dies ist ein Verbot, Sakramente zu spenden. Aber dieses Verbot betrifft mich nicht, weil meine Priesterschaft nicht für ein pastorales Leben gewesen ist und um Sakramente zu spenden, sondern um ein kontemplatives Leben zu leben. Und dieses lebe ich weiter, immer verbunden mit meiner Kirche.

Frage: Wie bewerten Sie die Rolle der Kirche in Nicaragua und in diesem Zusammenhang Ihre eigene?
Cardenal: In Nicaragua, wie in allen Teilen der Welt, hat es immer zwei Kirchen gegeben: eine fortschrittliche und eine konservative. Die eine ist mit den Armen und die andere mit den Reichen. Die eine ist Jesus Christus treu und die andere nicht. Ich bin immer noch bei den Armen, und in diesem Sinn stufe ich mich weiterhin als Marxist ein, weil ich eine Gesellschaft ohne Klassen will.

Frage: Ist Nicaragua mit Blick in Richtung Zukunft auf einem guten Weg?
Cardenal: Nicaragua ist aktuell eine Diktatur von einem Ehepaar und deren Kindern [Anm.: der Clan um Staatspräsident Daniel Ortega]. Was die Zukunft bringen wird, weiß ich nicht. Ich wünsche nur, dass diese Diktatur endet.

Frage: Würden Sie Nicaragua als Besuchsziel empfehlen?
Cardenal: Nicaragua ist ein sehr schönes Land und ein guter Platz, um es als Tourist zu besuchen, aber nicht, um wie früher, eine Revolution vorzufinden. Es gibt keine Revolution mehr.

Frage: Eine Frage an Sie als Poeten: Welches Gedicht würden Sie rückblickend als Ihr wichtigstes einstufen?
Cardenal: Es ist das ausführliche kosmische Gedicht [Anm.: Cántico Cósmico, „Kosmischer Gesang“].

Frage: Was wäre noch ein persönlicher Wunsch von Ihnen?
Cardenal: Mein einziger persönlicher Wunsch ist die Erfüllung des Himmelreiches auf Erden.

Frage: In Kürze werden Sie 92 Jahre alt. Was bedeutet der Tod für Sie?
Cardenal: Der Tod, das ist für mich der Schritt zur Wiederauferstehung.

Dichter Darío und Guerillaführer Sandino

In der Liste weiterer prominenter Nicaraguaner stehen der Dichter Rubén Darío (1867–1916) und der Guerillaführer Augusto César Sandino (1895–1934). Beiden sind Denkmäler im Herzen Managuas gewidmet. Darío galt als Hauptvertreter der poetischen Richtung des Modernismus, auf Spanisch: Modernismo, und übte einen wegweisenden Einfluss auf die lateinamerikanische und spanische Lyrik des 20. Jahrhunderts aus. Begraben liegt Darío in der Kathedrale von León. Sandinos Ruhm beruht darauf, den Widerstand gegen die US-Besatzer in Nicaragua angeführt zu haben. Lange nach seiner Ermordung benannte sich 1961 die linksgerichtete Partei „Frente Sandinista de Liberación Nacional“ nach ihm, die 1979 die Somoza-Diktatur stürzte. Wer heute nach Managua einjettet, landet auf dem internationalen Flughafen Augusto C. Sandino.

Oben:
Augusto César Sandino (in der Bildmitte) stellte sich den US-Invasoren in seinem Land entgegen.

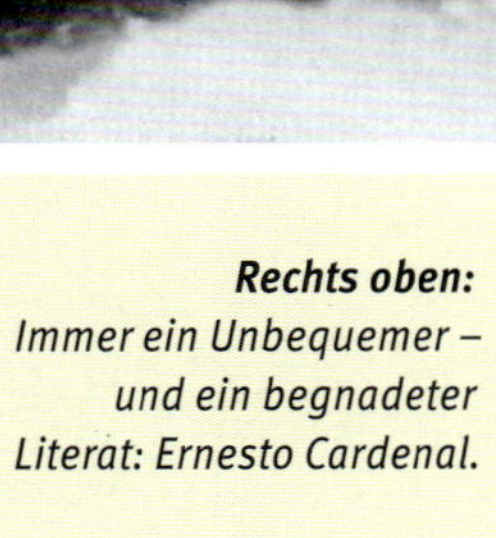

Rechts oben:
Immer ein Unbequemer – und ein begnadeter Literat: Ernesto Cardenal.

Rechts Mitte:
Rubén Darío war nicht nur Dichter, sondern auch Diplomat.

Rechts:
Ein großer Löwe bewacht das Grab des Dichters Rubén Darío in der Kathedrale von León.

NIC Pto Cto POTOSI

EL RENASIDO

Oben:
Der Río Tipitapa ist ein Abfluss des Managua-Sees. Die Stadt Tipitapa liegt nur rund 20 Kilometer von Managua entfernt.

Rechts:
Blick zum Managua-See im Hintergrund. Das Grün ist ständiger Wegbegleiter bei Fahrten durch den Westteil des Landes.

Seite 34/35:
Über die Wasser des Managua-Sees hinweg blickt man bis zum Vulkan Momotombo.

Links:
Das Landstädtchen Juigalpa liegt in weiten Viehzuchtgebieten, die in Bergländer übergehen.

Oben:
In Masaya darf die kalkweiße Hauptkirche nicht fehlen, die vom Ende des 18. Jahrhunderts datiert.

Rechts:
Bei Stadtfesten gehört es auch in Masaya zum guten Ton, sich in seine schickste Tracht zu werfen.

Oben:
Rast in einem zentralen Café in Masaya. Die Stadt liegt am östlichen Hang des gleichnamigen Vulkans.

Links:
Bunter Pavillon auf dem Zentralplatz von Masaya. Der Ort im Südwesten Nicaraguas ist das wirtschaftliche Zentrum der Region.

Bunt und bewegt: Mit Feuereifer dabei sind die Mitwirkenden der folkloristischen Darbietungen des Centro Cultural Mercado de Masaya.

Rechte Seite:
Der Folkloretanz vor der Kirche von Catarina bringt so richtig in Schwung. Die Stadt liegt im kleinsten Departamento Nicaraguas: Masaya.

Rechts und ganz rechts:
Steht in Catarina wieder mal eine Fiesta an, dann putzen sich die Einheimischen so richtig heraus.

Rechts und ganz rechts:
Fiestas wie in Catarina sind Feiern von und für die Dorfbewohner. Geschlossene Gesellschaften sind das nicht. Auch Auswärtige dürfen sich willkommen fühlen und mitfeiern. Wer etwas Spanisch kann, dem fällt das Kontakteknüpfen leichter.

Seite 44/45:
Bei dieser Fiesta in Catarina werden die gewöhnlichen Straßen zur Bühne.

Oben:
Keramik gefällig? Diese bunten Objekte hier gibt's bei Valentin Lopez in San Juan de Oriente.

Rechts:
Keramik zur Auswahl gibt es auch in Catarina. Die Motive erinnern oftmals an die präspanische Epoche.

Links:
Auf dem Kunsthandwerkermarkt von Masaya ist die Auswahl an bunten Masken riesig.

Unten:
In Masaya kann man sich gut mit unterschiedlichstem Kunsthandwerk eindecken. Das bedeutet aber auch: Ganz so authentisch geht es nicht mehr zu.

Todeskarren und Schweine-Hexen – Mythen und Legenden

Wehe, wenn die *Carreta Nahua* kommt! Es ist der Karren des Todes, der einen Höllenlärm verursacht und durch die Nacht rumpelt, mit skelettierten Ochsen als Zugtieren und einem Trupp menschlicher Knochengestalten dahinter. Wer das Gefährt tatsächlich zu sehen bekommt, wird fieberkrank oder stumm, so will es der Volksglaube. Kein Wunder, dass der Gedanke an die *Carreta Nahua* bei vielen Menschen, vor allem Kindern, Gänsehaut auslöst.

Was sich wie die Kopfgeburt eines Schauermärchens anhört, hat einen ernsten Hintergrund. Dieser wurzelt in der Kolonialzeit. Die Spanier führten den Karren in den unterworfenen Gebieten ihrer „Neuen Welt" ein, um Lasten, aber auch versklavte Indios zu transportieren. Manchen glückte die Flucht in die Berge, doch die Spanier ließen sie nicht in Ruhe und verfolgten sie. Hörten die Indios aus der Ferne einen heranratternden Karren, war dies der Vorbote des Todes. Bis heute ist die *Carreta Nahua* ein Symbol des Verderbens, das die spanischen Kolonialmachthaber über Nicaragua brachten.

Kobold, Gigantin und großköpfiger Zwerg

Nicaragua schöpft aus einem gewaltigen Schatz der Mythen und Legenden. Da kommen Fantasiegestalten wie der Kobold, *El Duende*, und die Gigantin, *La Gigantona*, vor. Die Figur dieser Riesin lehnte sich an den Typus der spanischen Frau aus der Kolonialzeit an: groß und kräftig, hoher sozialer Rang, aber auch dümmlich. Insofern ist der zu Beginn des 18. Jahrhunderts in León aufgekommene „Tanz der Gigantin", *Baile de la Gigantona*, wie er noch heute aufgeführt wird, als Spott auf die einstigen Machthaber zu verstehen. Mittänzer und Gegenpol ist stets der „großköpfige Zwerg", *Enano Cabezón*, ein gesellschaftlich weniger geachteter Mestize, äußerst listig und intelligent.

Angst vor Frauen

Furcht flößt die „fliegende Frau" ein, *La Voladora*. Deren Mythos beruht auf dem Glauben an böse Geister, aufgezogen von Frauen, die einen Pakt mit dem Satan schließen und sich in unterschiedlichste Wesen wie Eulen oder schwarze Schmetterlinge verwandeln können; sie kündigen den Tod von Menschen an, so sagt man.

Ebenso wenig begegnen möchte man als treuloser Mann den „Schweine-Hexen", *Chanchas Brujas*. Dabei handelt es sich um enttäuschte Frauen, die sich mithilfe des Teufels in große schwarze Schweine verwandeln und in der Männerwelt Rachefeldzüge starten. Nachts stellen sie unaufrichtigen Kerlen nach, um richtig zuzubeißen oder sie anzufallen und aus dem Gleichgewicht zu bringen. Dann können sie auf ihnen herumtrampeln, bis sie das Bewusstsein verlieren. Eine eindringliche Lehre.

Nochmals zurück in die Kolonialzeit. Eine Legende erzählt von Spaniern, die vergeblich einen Goldschatz suchten und durch einen Indioführer und dessen Truppen vertrieben wurden. Einige Zeit später kehrte ein Sohn von einem der besiegten Spanier zurück. Und zwar mit der üblen Absicht, das Herz der Häuptlingstochter zu gewinnen, um so an das Gold zu kommen. Blind vor Liebe gab sie das Versteck in einer Höhle preis, wo er den Schatz raubte und die junge Frau einsperrte. Zwar konnte sie entkommen, doch starb sie am Schmerz über ihren Verrat. Ihr unruhiger Geist findet keinen Frieden und taucht manchmal an den verschiedensten Orten Nicaraguas auf, um Männer, die ihre Frauen hintergehen, in die Grotte zu schaffen, damit sie dort sterben.

Zwei männliche Geister

Richten wir zum Schluss den Blick auf zwei männliche Geister, die sich auf reale Gestalten beziehen. Antonio de Valdivieso, ein spanischer Bischof, wurde Mitte des 16. Jahrhunderts von seinen Landsleuten in León getötet, weil er die Indios verteidigt hatte. Eine Version der Geschichte besagt, er sei enthauptet worden – und die Legende fügt hinzu, dass er seither als „Padre ohne Kopf", *Padre sin cabeza*, herumgeistert und das erlittene Schicksal mahnend vor Augen hält.

Links: *Furchteinflößend: die „Fliegende Frau" (La Voladora); Puppendarstellung im Museum der Legenden und Traditionen (Museo de Leyendas y Tradiciones) in León.*

Oben: *Wanddarstellung der „Carreta Nahua" (Karren des Todes) im Museum der Legenden und Traditionen in León.*

In den ländlichen Gegenden Leóns trieb der Bandit Pancho Ñato, der eigentlich Francisco Suárez hieß, in den 1940er-Jahren sein Unwesen. Anfangs gab er geraubte Gelder an die Armen weiter, was ihm den Ruf eines Robin Hood einbrachte. Später tötete er einfach aus Habgier weiter und entwischte der Nationalgarde so lange, bis man ihn letztlich stellte und ins Jenseits beförderte. Geblieben ist sein Geist in den Straßen Leóns. Sollte irgendwer dort überfallen werden, ist bis heute für viele Leute klar: Pancho Ñato war's und kein anderer.

Rechts oben: *Schauerlich: die „Carreta Nahua", plastisch dargestellt im Museum der Legenden und Traditionen in León.*

Rechts Mitte: *Hat auch seinen Platz im nicaraguanischen Legendenschatz: der Kobold (El Duende).*

Die Figur des Pancho Ñato hoch zu Roß; Museum der Legenden und Traditionen in León.

Rechts unten: *Zwei legendäre Gestalten nebeneinander im Museum der Legenden und Traditionen in León: die „Heulsuse" (La Llorona) und der kopflose Priester.*

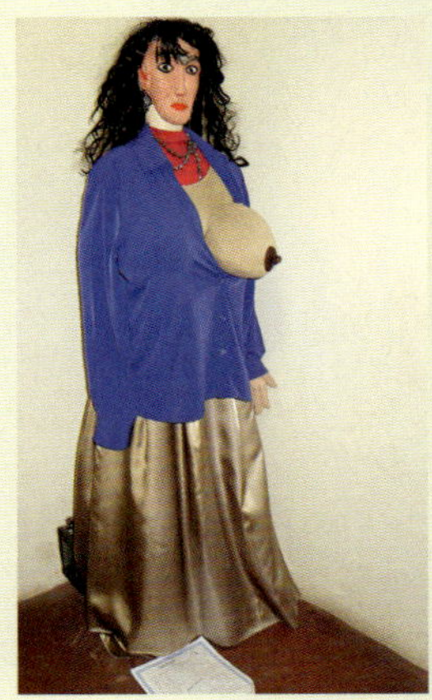

Diese Puppe veranschaulicht in Leóns Museum der Legenden und Traditionen die Legende von „Nimm deine Brust" („Toma tu teta").

Oben:
Die Laguna de Apoyo ist ein fantastischer Kratersee mit glasklarem Wasser, das zum Baden einlädt. Zum Glück für die Natur ist motorisierter Wassersport hier verboten.

Rechts und ganz rechts:
Blick über die Laguna de Apoyo, den vielleicht schönsten Kratersee Nicaraguas.

Links:
Bunte Blütenpracht im Naturreservat Volcán Mombacho. Um den Vulkan findet man Reste des nicaraguanischen Regenwaldes und besonders viele Arten von Orchideen.

Linke Seite:
Nicaragua wird medial gern als „Land der tausend Vulkane“ apostrophiert – dabei gibt es nur etwa zwei Dutzend Vulkanformationen.

Links:
Aussichtspunkte am rauchenden Vulkanriesen im Nationalpark Volcán Masaya.

Ganz links:
In dieser Pose und in diesem Outfit wird in Nicaragua immer nur einer dargestellt: der historische Kämpfer Augusto César Sandino als Denkmal im Nationalpark Volcán Masaya.

Links:
Warten im Nationalpark Volcán Masaya lohnt sich. Nach Einbruch der Dämmerung wird sich das Innere des Vulkans in berauschenden Tönen zeigen.

Unten:
Blick tief ins Erdinnere im Parque Nacional Volcán Masaya. Das Schutzgebiet wurde 1979 als zweiter Nationalpark Nicaraguas eingerichtet.

Rechte Seite:
Echt oder falsch? Echt. Und echt spektakulär: das natürliche Abendspektakel im Nationalpark Vulkan Masaya. Als hätte der Teufel auf den Scheinwerferschalter gedrückt.

Zur Karwoche pilgern die Nicaraguaner mit Ochsenkarren zur heiligen Stätte von Popoyuapa am Nicaragua-See. Dort bezeugen die Wallfahrer einer Christusskulptur, Nuestro Señor del Rescate de Popoyuapa, ihre Ehrerbietung.

Mit Kind und Kegel und Hühnern und vielerlei mehr brechen Wallfahrer zur Osterzeit zum Heiligtum von Popoyuapa auf. Die Pilger kommen aus allen Landesteilen und sind bis zu zwei Wochen unterwegs. Im Ochsenkarren haben die Familien nur das Nötigste dabei, doch Kochen und Essen ist natürlich ein wichtiger Bestandteil der Reise.

Oben:
Ein hufeisenförmiger Traum im Südwesten Nicaraguas: die Pazifik-Bucht von San Juan del Sur.

Rechts:
Nach dem Waschtag: Hinterhofansicht im pazifischen Küstenstädtchen San Juan del Sur.

Die „Morgan's Rock Ecolodge & Hacienda" ist einer dieser Plätze, wo Träume von Reisenden wahr werden: Luxus im Einklang mit Abgeschiedenheit in der Natur. Ein echtes Edelversteck in Nicaragua, ein Stück nordwestlich vom Pazifikstädtchen San Juan del Sur hoch über einer Bucht gelegen und umgeben von einem privaten Naturschutzgebiet.

Seite 60/61: *Ebenfalls eine luxuriöse Bleibe am Pazifik: der Aqua Wellness Resort mit seinem wunderschönen privaten Strand. Hier wird einem das Entspannen leicht gemacht.*

Oben:
Der Stille Ozean zeigt sich oftmals alles andere als still, wenn die Wellen an die Felsküste beim Aqua Wellness Resort schlagen.

Rechts:
Die Gebiete des Nicaragua-Sees zeichnen sich durch eine vielgesichtige Vogelwelt aus. Das geht so weit, dass manches Federkleid das Hinweisschild zum Strand („Playa“) leicht verdeckt ... Hier gesichtet auf der Insel Ometepe; es handelt sich um einen Langschwanzhäher.

Oben:
Traumstrand am Pazifik – da würde man am liebsten gleich in die verlockenden Fluten steigen.

Links:
Geschlüpfte Meeresschildkröte – ob sie die Gefahren im Pazifik überstehen wird? Viele der kleinen Lebewesen werden zur Beute anderer.

Rechts:
Umrahmt von Grün: Im Aqua Wellness Resort macht man Ferien mitten in der faszinierenden Natur Nicaraguas.

Unten:
Da kommt man in Urlaubsstimmung – Sonnenuntergang am Pazifik.

Oben und links:
Im Aqua Wellness Resort kann man alleine für sich relaxen oder andere Traveller in legerer Beach-Bar-Atmosphäre treffen.

Seite 66/67:
Die Kolonialstadt Granada liegt in Sichtweite des Vulkans Mombacho, der nicht immer so freigepustet daliegt. Manchmal hüllt er sich in Wolken.

Oben:
Das Turm- und Kuppelensemble der Kathedrale dominiert die Dächerlandschaft von Granada vor dem Nicaragua-See.

Rechts:
Das koloniale Sakralerbe in Granada ist beachtlich, hier die Kirche Guadalupe.

Links:
Ziegeldächer, Treppen, Kirchtürme – all das gehört zu den Ansichten von Granada.

Unten:
Blick vom Kathedralturm über den schön begrünten Hauptplatz von Granada.

In der Innenstadt von Granada stößt man auf nette Einkehradressen, die mit farbenfrohen Fassaden, guten Cocktails zur „Happy hour“ oder dekorativen Schnörkeln punkten.

Schlendert man in der Innenstadt durch die Gassen von Granada, fühlt man sich in ein Freilichtmuseum der spanischen Kolonialarchitektur versetzt.

Seite 72/73:
Granada ist auch eine Stadt der Kirchen, die historischerseits im Zeichen des Kreuzes stand.

RASPADOS

INRI

Rechts:
Das Gegenteil einer tristen Hauswand: Farbdurchtränkte Deko in einer Bar in Granada.

Rechts und ganz rechts:
Granada darf nicht vorbehaltlos als blühende Kolonialstadt verklärt werden, dazu war die Geschichte zu blutig. Die Spanier gingen auch bei der Eroberung der Gebiete im heutigen Nicaragua mit unvorstellbarer Grausamkeit gegen die Indios vor. Kulturen, die prachtvolles Töpferhandwerk hervorgebracht hatten, waren dem Untergang geweiht. Denkanstöße dazu findet man im Museum des Franziskanerklosters.

Dem „Haus der drei Welten“ (Casa de los Tres Mundos) in der Innenstadt von Granada ist auch eine Künstlerwerkstatt angeschlossen. Hier lassen sich wundervolle Originale erstehen, voll nicaraguanischer Farbkraft.

Seite 76/77:
Der Vulkan Maderas ist der kleinere der beiden Vulkane auf der Insel Ometepe im Nicaragua-See; der größere ist der Concepción.

Oben:
Der Archipel der Isletas de Granada im Nicaragua-See liegt nur eine kurze Bootsfahrt von Granada entfernt.

Rechts und ganz rechts:
In der Inselwelt der Isletas de Granada lassen sich Vögel und Affen (wie zum Beispiel dieser Klammeraffe und eine Reiherart) beobachten.

Oben:
Eine Bootstour durch die Isletas de Granada führt an diversen idyllischen Anwesen und einzelnen Ausflugsrestaurants vorbei.

Links:
Doch meist hat die Natur die Oberhand auf und zwischen den Isletas de Granada.

Oben:
Vulkandoppel auf der Insel Ometepe im Nicaragua-See: links der große Concepción (1610 Meter), rechts der kleine Maderas (1394 Meter).

Rechts:
Fortbewegungsmittel auf dem Nicaragua-See ist, na klar, das Boot. Brücken gibt es nicht.

Links:
Nur keine Eile – Linienboot auf dem Nicaragua-See. Zahlreiche Fähren verbinden Uferstädte und die größeren der über 400 Inseln.

Oben:
Idyllische Ansicht auf der Insel Ometepe im Nicaragua-See. Sie gilt als größte Vulkaninsel in einem Süßwassersee weltweit.

Rechts:
Auf der Insel Ometepe geht es nicht überall so menschenleer zu; im Durchschnitt ist die Besiedlungsdichte recht hoch. Die Inselhauptstadt heißt Altagracia.

Oben:
Einen Wolkenhut, symmetrisch aufgesetzt, trägt hier der Vulkan Concepción. Der höhere der beiden Vulkane auf der Insel Ometepe ist einer der aktivsten in Nicaragua.

Links:
Die Uferzonen auf der Insel Ometepe geben beste Gelegenheit zur Vogelbeobachtung.

Unten:
Dieses Motiv aus Moyogalpa, dem zweitgrößten Ort auf der Insel Ometepe, belegt nicht zuletzt: Den kohlensäurehaltigen Drink gibt es wirklich in jedem Erdenwinkel.

Ganz unten:
Ein gutes Hotelquartier auf Ometepe bietet die Finca San Juan de la Isla, am Santo-Domingo-Strand gelegen.

Rechts:
Die Insel Ometepe mag touristisch frequentiert sein – doch auch hier herrscht gewöhnlicher Alltag mit altertümlichen Ochsenkarren.

Mekka der Zigarrenproduktion

Der Geruch von getrocknetem Tabak liegt in der Luft. Bald kratzt es in meinem Hals. Doch die Eindrücke in der Tabakfabrik „Plasencia Cigars", gelegen am Stadtrand von Estelí, sind zunächst stärker als die leichten Reize. In der Haupthalle sehe ich Frauen und Männer in 30 Reihen à sechs Leuten hintereinandersitzen. Ihr Job: Zigarren per Hand rollen. Die Produktion läuft unter Volldampf. An jedem Arbeitstag schaffen alle zusammen 25 000 Stück.

Es ist warm in der Halle. Ganz vorne und an den Seiten rotieren ein paar Ventilatoren. Zigarren zu rollen, das lässt der Blick über die Schultern bereits erahnen, erfordert eine immense Fingerfertigkeit. „Das ist, wie ein Musikinstrument zu spielen, das muss man beherrschen", sagt Sergio Torres, der mich bei „Plasencia Cigars" herumführt und später am Tag auf die Plantagen und in die Gewächshäuser bringt. Neue Arbeitskräfte könnten in Sachen Zigarrenrollen in zwei Monaten angelernt werden.

Sechs Jahre bis zum Endprodukt

Estelí ist – neben Jalapa – Nicaraguas Mekka der Zigarrenproduktion. „Hier bei uns hängen 80 Prozent der Wirtschaft vom Tabakanbau ab", sagt Lokalführer Leo Flores und beziffert die Tabakfabriken in den weitläufigen Gegenden um Estelí auf 65. Einige zehntausend Arbeitsplätze sind insgesamt an die Produktion geknüpft.

In Nicaraguas nördlichem Tabakland lerne ich viel. Zum Beispiel, dass gut Ding Weile haben will. Sprich: Es ist ein langer Weg, bis aus einer winzigen Tabakpflanze aus dem Setzlingskasten eine fertige Zigarre geworden ist. „Das können sechs Jahre sein", so Sergio Torres von „Plasencia Cigars". Anbau, Ernte, Trocknung und Fermentation der Blätter, dann die Auslese und Endverarbeitung samt Kontrollschritten und Qualitätsprüfungen – das alles verschlingt eine Menge Zeit.

Die Kunst, den besten Blend zu finden

Zigarre ist nicht gleich Zigarre. Was Kenner wissen, ist für nichtrauchende Amateure wie mich Neuland. Das beginnt bereits mit den Böden um Estelí, die laut Señor Torres dank ihres Lehmgehalts viel Kraft und Aroma geben. Essenziell sind natürlich die Blätter, wobei die verschiedenen Wuchshöhen verschiedene Nuancen hervorbringen. Es erstaunt mich, dass die Blätter ganz oben, die auf den Plantagen am stärksten der Sonne ausgesetzt sind, als kräftigste und würzigste genommen werden. Die näher am Boden wachsenden, die viel mehr Schatten abkriegen, sind milder. Dies hinwiederum ist beim Endprozess wichtig, wenn es zum Blend kommt, also der Mischung für das Innerste der Zigarre. Die Wahl der Blätter wirkt ebenso hinein wie das Anbaugebiet oder der vorgesehene Umfang. Eher dicker, eher dünner? Eher sanft oder richtig volumig? Das ist eine Wissenschaft für sich. „Bei uns hier werden alleine 120 unterschiedliche Blends hergestellt", erklärt Sergio Torres von „Plasencia Cigars". Es sei immer die Kunst, den besten Blend zu finden, was am Ende eine Frage des Geschmacks sei, so Torres, vergleichbar mit der Frage: Was ist der beste Wein? Wahrscheinlich der, der einem persönlich am besten schmecke.

Eine Zigarre für mehr als 20 Dollar

Kunden aus aller Welt dampfen mit Zigarren aus dem Agrarland Nicaragua so richtig ab. Ein Betrieb wie „Plasencia Cigars" exportiert unter anderem nach Deutschland und Schweden, Australien, in diverse Länder Asiens, die Schweiz, die USA. Eine Edelzigarre kann über 20 Dollar kosten. Und, wie die Gesetzmäßigkeiten in der Weltwirtschaft nun mal sind: Die, die vergleichsweise am wenigsten daran verdienen, sind natürlich jene, die unter sengender Sonne auf den Feldern schuften oder im Akkord in den Hallen auf archaischste Art Zigarren rollen. Oder die, die ich im Fermentationslager die aufgestapelten Tabakbündel sortieren und umschichten sehe. Ohne Mundschutz oder Ähnliches, auf Kosten ihrer Gesundheit. Der Tabak gibt den Leuten Brot und Arbeit, das mag richtig sein, und sie dürften kaum Jobalternativen haben. Doch in den Fermentationsräumen schlägt mir die Luft bereits nach kurzer Zeit derart auf die Atemwege, dass ich raus muss ins Freie.

Links: *Tabakpflanzen gedeihen nicht nur im Norden, sondern auch auf der Insel Ometepe.*

Oben: *Ein echter Haufen Arbeit bei „Perdomo Cigars" in Estelí.*

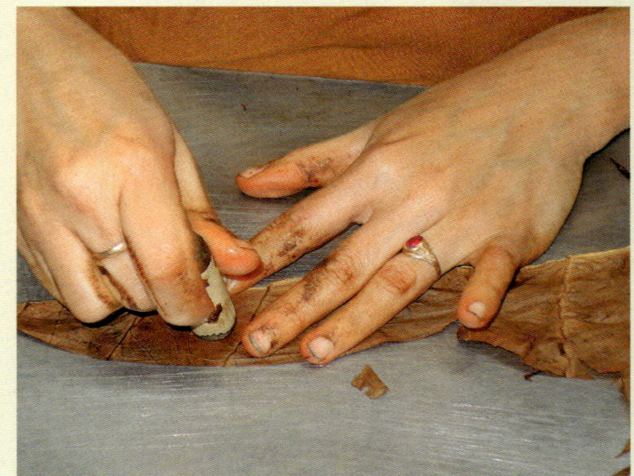

Kleine Bilder rechts, von oben nach unten: *Diese Arbeiterin bei „Perdomo Cigars" rollt tagaus tagein Zigarren.*

Zigarrenrollen erfordert höchste Fingerfertigkeit.

Jeder Handgriff beim Zigarrenrollen muss sitzen, fehlerhafte Produkte darf es nicht geben.

Nein, wir machen keine Werbung, noch weniger für Produkte, die die Gesundheit schädigen können. Wir dokumentieren nur, dass es auch „Doña Elba Cigars" gibt.

Oben:
Überbordendes Grün auf der Insel Mancarrón im Archipel Solentiname. Die Schönheit der Landschaft zieht auch viele Künstler auf das Eiland.

Rechts:
Da raschelt etwas im Gebüsch! Leguan auf der Insel Mancarrón; Archipel Solentiname.

Fels mit Petroglyphen auf San Fernando; Archipel Solentiname. Bei anderen Felszeichnungen der Insel kann man auch Tiere und Menschen erkennen.

Petroglyphen bezeugen im Archipel Solentiname die Zeiten, bevor die Spanier kamen. Im nicaraguanischen Altertum wurden die Inseln als heilig verehrt.

Typische Morgenszene in San Carlos: ein Karrenschieber unterwegs in Richtung Markt. Die Stadt liegt am Ufer des Nicaragua-Sees, an dessen Abfluss, dem Río San Juan.

Nette Souvenirs aus dem Archipel Solentiname: bunt bemalte Vögel aus Balsaholz. Auch in der Natur ist hier eine reiche Vogelwelt zu finden.

Oben:
Morgenstimmung in San Carlos am Abfluss des Río San Juan aus dem Nicaragua-See.

Links:
Kunsthandwerkerin Noidi bemalt vor dem Haus der Familie auf der Insel Mancarrón (Archipel Solentiname) Vögel aus Balsaholz.

Oben:
Der Ort Boca de Sábalos liegt an der Mündung eines Flüsschens in den breiten Río San Juan.

Rechts:
Frühmorgendliche Bootsfahrt über den Río San Juan. Dieser entspringt am südöstlichen Ende des Nicaragua-Sees und mündet bei dem Ort San Juan de Nicaragua ins Karibische Meer.

Oben:
Hoch über dem Río San Juan liegt die alte spanische Festung Castillo de la Inmaculada Concepción. Sie wurde um das Jahr 1673 auf älteren Fundamenten zum Schutz der Städte Granada und León errichtet.

Links:
Spannender Entdeckungsgang durch die historischen Mauern: Die Festung diente zur Piratenabwehr und ist heute die größte Sehenswürdigkeit der Stadt El Castillo.

Seite 94/95:
Abendblick über den Ort El Castillo, der an den Río San Juan stößt. Das Bild mag ein wenig der Friedensstimmung transportieren, die dort herrscht. Es ist ein Ort ohne Autos.

Tabak und Kaffee – im Norden

Hoch über León thront man auf den Dachbereichen der Kathedrale. Entsprechend gut ist der Ausblick – hier in Richtung der Iglesia del Calvario.

Kurz nach sieben. León ist erwacht. Im historischen Zentrum herrscht betriebsame Stimmung. Pferdefuhrwerke holpern durch die Straßen. Rikschafahrer transportieren menschliche Fracht. Auf dem Straßenmarkt nahe der Kathedrale bestückt ein Metzger die Auslagen mit schlachtfrischen Fleischstücken. Gleich nebenan warten Frauen an Essensständen auf Kundschaft. Vorbereitet haben sie das typisch nicaraguanische Frühstück: „gallo pinto", Reis mit Bohnen. Ein Kunde lässt sich gerade eine Portion in ein Plastiktütchen packen. Ein paar Straßenzüge weiter wabert beim Morgengottesdienst aus den Portalen der Kirche El Calvario Weihrauch hinaus, unterlegt von Musik mit Rasseln.

Spaziergänge durch León führen nicht nur zu Sakralbauten aus der Kolonialzeit, sondern mitten durch den Alltag. Höher im Norden bringt die Reise durch Tabak- und Kaffeeanbaugebiete. Bei der Zigarrenproduktion sticht das Städtchen Estelí heraus, wo viele Graffiti Fotomotive abgeben. Außerhalb, auf der Fahrt nach Condega, erfassen mich wieder Alltagsbilder des Landlebens. Rinder grasen auf Weiden, Reifenwerkstätten warten auf Kundschaft, an einem Straßenstand gibt es Warndreiecke, von Friedhöfen her leuchten bunte Kunstblumen. Der Besuch auf einer der Kaffeefarmen hält die Hand- und Knochenarbeit vor Augen. Frauenkommandos wälzen mit Schiebern Bohnen hin und her, die zum Trocknen ausliegen. Männer schultern Sack um Sack und wuchten die Fracht auf einen Laster. Im grünen Hochland um Matagalpa setzt sich das Leitmotiv Kaffee fort, schöner Aussichtsspot hoch über der Stadt ist der Mirador El Calvario. Vorausgesetzt, man schafft es mit dem Auto hinauf – denn das Gefälle des Zufahrtssträßchens stößt stellenweise an die 30-Prozent-Marke.

FARMACIA
FARMACIA
ECONOMICA
Emelina

Rechts:
Kinder, die Schuluniformen tragen, sieht man überall in Nicaragua, hier im Stadtbild von León.

Unten:
Obststand vor leuchtend blau-gelber Fassade im historischen Zentrum von León.

Oben:
León kultiviert – ebenso wie Granada – ein besonderes Flair, das auf dem Bauerbe aus der Kolonialzeit beruht.

Links:
Leóns Jugend übt auf dem zentralen Platz vor der Kathedrale für die nächste Fiesta.

Oben:
Die Kathedrale von León ist Nicaraguas mächtigstes Kirchenbauwerk und zählt zum Weltkulturerbe der UNESCO.

Rechts:
Blütenweiße Blusen, blütenweiße Kniestrümpfe, propere Röcke – Schulmädchen in León.

Links:
In der Kirchenstadt León stößt man auf die Iglesia San Juan Bautista de Subtiava.

Unten:
Das Hotel „El Convento“ in León war einst ein Franziskanerkloster, das seine Gründung im 17. Jahrhundert erlebte.

León – Kolonialstadt der Kirchen

Ein Fahrrad in der Kathedrale von León? Ja, keine Erscheinung, sondern ein echter Drahtesel, den einer der Anstreicher, die das Innere gerade kalkweiß nachpinseln, im nördlichen Seitenschiff geparkt hat. In den heiligen Hallen ist die Diebstahlsgefahr halt geringer als draußen. Doch das Rad ist nicht das einzige Kuriosum, das mir hier und heute begegnet. Nach dem Aufstieg in den Glockenturm der Kathedrale sehe ich mich einem handgeschriebenen Plakat auf Englisch gegenüber. Es mahnt unter Androhung eines Bußgelds, nicht an den Glockenseilen zu ziehen. Außerdem gilt es, so steht zu lesen, die Schuhe auszuziehen, um die Dachbereiche zu erkunden. Unter dem strengen Kontrollblick des Turmwächters gehe ich auf Socken nach draußen. Und das lohnt sich! Über die Kuppelaufsätze, Balustraden und Ziegeldächer der Stadt hinweg schweift der Blick bis zu den Vulkanen Cerro Negro und Las Pilas.

Zeugnisse der spirituellen Eroberung

León, im Vulkanland des Westens gelegen, atmet altkoloniales Flair: in den Gassen, auf den Plätzen, vor allem jedoch in der Vielzahl der Gotteshäuser. „In León gibt es insgesamt 16 Kirchen", weiß Regionalführer Enrique, der die Geschichte der Provinzmetropole in- und auswendig kennt. Die Erstgründung 1524 durch die Spanier nahe dem Vulkan Momotombo war mit wenig Weitblick gewählt. Ein Ausbruch zerstörte das alte León, das im Jahre 1610 an seinen jetzigen Standort verlegt wurde. Dort befand sich das Siedlungsgebiet des Volkes der Sutiaba. Von Beginn an war klar, dass sich León – neben Granada – zur wichtigsten Kolonialstadt im Gebiet des heutigen Nicaragua entwickeln würde. Dies erklärt, dass diverse Ordensgemeinschaften hinzustießen, um die spirituelle Eroberung der Ureinwohner anzugehen und um Klöster und Kirchen zu errichten.

Im Herzen Leóns machten die Franziskaner 1639 den Anfang mit der Grundsteinlegung zu einem Kloster, das allerdings einen mehrfachen Nutzungswandel erfahren hat. Heute erstrahlt es in hinlänglich aufpoliertem Glanz als Nobelhotel mit dem treffenden Namen „El Convento". Was auf Deutsch heißt: „Das Kloster". Aus Ursprungszeiten erhalten hat sich die Franziskanerkirche. In einem Anstrich aus Weiß und Gelb erhebt sie sich mit ihrem Glockenturm über dem Vorplatz, den nach Einbruch der Dunkelheit dreiarmige Laternen in ein warmes Licht tauchen. Hier herrscht echte Friedensstimmung.

Streifzüge zu Leóns schönsten Kirchen lohnen zu jeder Tageszeit, wozu es keines größeren Zeitmanagements bedarf. Sie liegen in einem Radius von wenigen hundert Metern um den Zentralpark, an den die Kathedrale mit ihrer hellen Turmfront stößt. Es ist Nicaraguas größtes Gotteshaus, 1747 im Barockstil begonnen, heute Weltkulturerbe der UNESCO. Höhepunkt im doppelten Sinn ist der erwähnte Aufstieg aufs Dach.

Das barocke Sanktuarium La Merced, einen Katzensprung von der Kathedrale entfernt, ist einem Gnadenbild Mariens geweiht. „Unsere Liebe Frau La Merced" fungiert als Stadtpatronin Leóns. Ihr großer Festtag ist der 24. September, an dem sich eine Prozession über viele Stunden in Gang setzt. Dabei geht jedoch nicht die Skulptur im Hochaltar auf den Umzugsmarathon durch die Straßen, sondern ein zweites Bildnis, das in einem Nebentrakt aufbewahrt wird.

Innige Verbundenheit der Gläubigen

Leóns typische Wimmelbilder aus Pferdefuhrwerken und mobilen Händlern sind Wegbegleiter zu zwei weiteren Tempeln des Herrn, die auf ihre Art Maßstäbe setzen. Die Kirche La Recolección besticht mit ihrer kunstvollen Deckentäfelung und den Schnitzarbeiten an den Holztüren. Die Türme der Kirche El Calvario sind in rötlichen Tönen gehalten, dazwischen erstrahlt der Mittelteil in leuchtendem Gelb und ist von mehreren großen Relieftafelszenen durchsetzt. Extrem blutig gestaltet ist der gefesselte Jesus an der Säule mit einem Peiniger daneben. Im Kircheninnern steht ein ungewöhnliches Skulpturen-Ensemble von drei Gekreuzigten, die gleich groß dargestellt sind: Jesus und die beiden Schächer. Nach Ende der Morgenmesse sehe ich Gläubige, die zu Füßen Christi niederknien und ihre Stirn und eine Hand in den unteren Teil des Kreuzstammes drücken. Es sind innige Zeichen der Verbundenheit, was unterstreicht, dass Nicaraguaner ihren Glauben intensiv leben. Knapp 60 Prozent der Bevölkerung sind katholisch.

Links: *Besonders beeindruckend in der Kirche La Recolección ist die Holzdecke.*

Oben: *Für Besucher betretbar, aber nur ohne Schuhe: die Dachbereiche der Kathedrale von León.*

Kleine Bilder rechts, von oben nach unten: *Seitenansicht der Kirche La Recolección, die nur wenige hundert Meter von der Kathedrale entfernt liegt.*

Gnadenbild der städtischen Schutzpatronin La Merced in der Kirche La Merced.

Kurios in der Kathedrale von León: Hier hat jemand sein Fahrrad geparkt.

Jesus an der Säule als Fassadenrelief mit extrem blutiger Note findet man an der Kirche El Calvario.

Oben:
Auffällig in León sind Graffiti und unterschiedlichste Sprüche an Hauswänden.

Rechts:
Stolz bewahrt León das Haus mit dem schönen Innenhof, in dem der spätere Dichter und Diplomat Rubén Darío lange Jahre lebte.

Szenen des ländlichen Alltags: Hier wird die Spreu vom Korn getrennt. Dort gehört ein Reiter mit angehängtem Schaf wie selbstverständlich ins Bild.

Und noch mehr ruraler Alltag: Ein Ochsenkarren mit Begleithund vorneweg transportiert Holz und ein abgeschirrter Ochse genießt seine „Freizeit“.

Oben:
Verschmelzung der Bilder vom Pazifik her: vorne Mangroven, im Hintergrund der Vulkan San Cristóbal.

Rechts:
Die lohnenden Vogelbeobachtungen setzen sich im pazifischen Mangrovenforst fort.

Wenn die Sonnenkugel im Pazifik versinkt – dann ist man nicht nur als Fotograf gerne dabei.

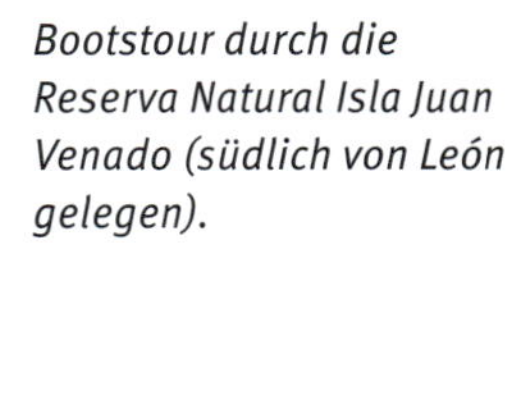

Bootstour durch die Reserva Natural Isla Juan Venado (südlich von León gelegen).

Seite 110/111:
Ein Gigant, dazu überaus aktiv: der Vulkan San Cristóbal, der es auf eine Höhe von 1745 Metern bringt.

Nicaraguas grösster Kick – Sandboarding am Cerro Negro

Plötzlich ist er da, der Abgrund, die westliche Flanke von Nicaraguas „Schwarzem Berg", dem Cerro Negro. Hier soll's gleich in Schussfahrt über Vulkanasche runtergehen? „Wartet auf meine letzten Instruktionen", sagt Tourbegleiterin Marjiory, die mit ihrer Prognose Recht behalten hatte: „Wenn ihr nach unserem Aufstieg oben steht, wird es euch steil vorkommen, extrem steil." Die Neigungswinkel bis zu 45 Grad gereichen einer stattlichen Dachschräge zur Ehre.

Mit dem Brett auf den Berg

Sherpas gibt es nicht. Das Brett, etwa acht Kilo schwer, muss von der Rangerstation jeder selbst hochschleppen. Es ist schmal, etwa einen Meter lang und gleicht einer ausrangierten Schranktür. Die Unterschiede zu einer handelsüblichen Tür liegen darin, dass das Board an der Unterseite teilweise einen Metallbeschlag trägt und obendrauf eine Kordel mit Handgriff befestigt ist.
Voraus buckelt sich der „Schwarze Berg" in konischer Musterform auf. Er macht seinem Namen alle Ehre und ist wirklich pechschwarz. Der Vulkan ist jung. 1850 brachten ihn die Urgewalten der Natur im Westen Nicaraguas hervor. Seither hat er fast zwei Dutzend Eruptionen erlebt. Derzeit herrscht Ruhe. Ob dem Frieden in Zukunft zu trauen ist, weiß niemand. Die Erde oben über dem Hauptkrater ist warm. „Steckt mal die Hand hinein", wird Marjiory später animieren, „aber nicht zu tief. Ich habe nämlich hier schon Eier gekocht."
Der Trail auf den 730-Meter-Gipfel hat seine Tücken. Loses Lavageröll. Staub. Die Sonne brennt gnadenlos. Das Board erweist sich als unbequeme Last. Mit der Höhe steigern sich die Ausblicke: über einen weiten Nebenkrater des Cerro Negro, das von gelben Sardinillo-Bäumen bepunktete Grün und größere Riesen der Vulkanwelt, darunter der San Cristóbal. Es riecht nach Schwefel. In der Ferne glitzert der Pazifik.

Letzte Instruktionen

Kurz vor dem Abgrund macht Marjiory Halt. Dort, wo noch niemand in die Tiefe sieht. Das scheint sie sich als finalen Überraschungseffekt aufzusparen. Jeder leert seinen Tourrucksack: Schutzbrille, Handschuhe, der Overall aus dickem Jeansstoff. „Legt alles an, dann bindet euch ein Tuch vor den Mund", weist Marjiory an. Was dann aussieht wie eine Bankräuberclique auf Expedition. In diesem Aufzug beginnt die Trockenübung mit den Boards. „Immer nur sitzen, nie stehen, und zwar hinten", mahnt Marjiory und trichtert den bevorstehenden Ablauf ein: „Wenn ihr euch nach hinten lehnt und die Kordel mit dem Handgriff anzieht, werdet ihr schneller. Wenn ihr euch aufrecht hinsetzt und die Kordel durchhängen lässt, könnt ihr das Tempo besser kontrollieren. Bremst nie mit den Händen, nur mit den Füßen. Ihr müsst immer mit beiden Füßen gleichzeitig bremsen, sonst kippt ihr um." Und das kann in der Vulkanasche fiese Schürfwunden geben. Schöne Aussichten. Jeder ist gerüstet. „Es sind 400 Streckenmeter. Am Ende gibt es keine Hindernisse oder Felsen. Lasst einfach ausgleiten", gibt Marjiory mit auf den Weg. „Und denkt daran: Wenn ihr die Schnur wie einen Zügel beim Pferd anzieht, um es zum Stehen zu bringen, werdet ihr umso schneller!"

Ritt in die Tiefe

Der Augenblick ist gekommen: der Gang an den Abgrund. „Verdammt", entfährt es einem anderen Freizeitabenteurer neben mir. Unsere Herzen rutschen in die Overalls. Marjiory steht am Steilhang knöcheltief im Schotter und wacht über die Abstände ihrer Wagemutigen. Der Erste verschwindet in einer schwarzen Wolke. Solch ein Ritt in den Abgrund setzt voraus, das Hirn auf „Off" zu stellen. Wer mit 50 Stundenkilometern über Vulkanasche schießen will, blendet besser den Verstand aus. Mein Board beginnt langsam und ist dann kaum zu halten. Vor allem deswegen, weil ich in der Aufregung doch die Schnur anziehe wie auf dem Rücken eines Gauls. Es knirscht und knackt und staubt. Rundherum sprengen Lavapartikel weg. Ständig klackt es auf der Schutzbrille. Meine Haltung verkrampft, mein Magen ebenso. „Nur geradeaus, nimm die ausgefräste Bahn vor dir, die sieht gut aus", meldet sich die Stimme aus dem Innern. Die Tiefe rückt näher. Pures Adrenalin. Dann der Auslauf. Ende der Gleitzeit. Unfallfrei geschafft. Mein Gesicht ist geschwärzt. Das Haar fühlt sich an wie Stroh.

Links: *Der Cerro Negro ruft zum „Vulkan-Surfen" – zunächst geht's mit dem Board auf dem Rücken bergan.*

Oben: *Schussfahrten der Wagemutigen an den Abhängen des Cerro Negro.*

Kleine Bilder rechts, von oben nach unten:
Für eine aufrechte Position ist das Sandboarding auf Vulkanasche eigentlich nicht gedacht.

Die klassische Position: sitzend geht es bergab auf dem Board, dass es nur so staubt und knirscht.

Die Besteigung des Cerro Negro führt über Lavageröll.

Am Ende des Sandboarding über Vulkanasche heißt es: langsam ausgleiten lassen.

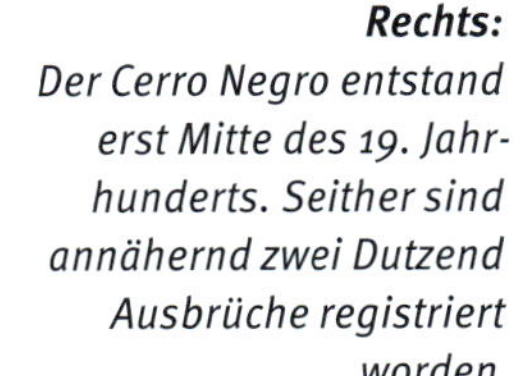

Unten:
Der Cerro Negro macht seinem Namen alle Ehre. Übersetzt heißt er „Schwarzer Berg“.

Ganz unten:
Unter der Erdoberfläche brodelt es im Cerro Negro.

Rechts:
Der Cerro Negro entstand erst Mitte des 19. Jahrhunderts. Seither sind annähernd zwei Dutzend Ausbrüche registriert worden.

Dieses Pferd im Umland von León legt gerade eine wohlverdiente Verschnaufpause ein.

Die nächste Arbeit für die Zugtiere an der Wasserstelle wird nicht lange auf sich warten lassen.

Rechte Seite:
Das idyllische Grün mag ein wenig darüber hinwegtäuschen, dass der aktive San Cristóbal ein ständiger Gefahrenherd ist.

Ambitioniertes Projekt: Wiwilí-Freiburg

In Nicaragua, so schätzt man, leben über 40 Prozent der Bevölkerung unterhalb der Armutsgrenze. Dem Land fehlen die Mittel und mitunter das Know-how, um die Lebenssituationen vieler Menschen positiv zu verändern. Bei den Hilfen betätigt sich zum Beispiel die Deutsche Gesellschaft für Internationale Zusammenarbeit schwerpunktmäßig im Wassersektor, wobei es darum geht, die nicaraguanischen Partner zu beraten, um die Trinkwasser- und Sanitärversorgung zu verbessern und die Wasserressourcen im städtischen Raum nachhaltig zu nutzen. Ebenso ist die Erschließung erneuerbarer Energie ein wichtiges Feld.

Sieht man von Staatskanälen ab, steht jedem Einzelnen offen, sich für Nicaragua und die Nicaraguaner einzubringen. Das kann ein Freiwilligendienst sein. Oder eine anderweitige Unterstützung für Projekte wie das „Haus der drei Welten" in Granada und die nachfolgend skizzierte Arbeit des Vereins „Städtepartnerschaft Wiwilí-Freiburg".

Es war ein trauriges Ereignis, das 1983 den Anstoß für die Partnerschaft zwischen Wiwilí im Norden Nicaraguas und dem süddeutschen Freiburg gab: die Ermordung des Freiburger Arztes Albrecht „Tonio" Pflaum durch Contras in Wiwilí. Er hatte wenige Jahre zuvor, nach dem Sturz des Somoza-Regimes, im Auftrag des Deutschen Entwicklungsdienstes beim Aufbau der medizinischen Versorgung Wiwilís geholfen. „Doch der Tod Tonios sollte nicht umsonst sein", liest man in der Vereinschronik. Um sein Engagement unvergessen zu machen, gründete sich der „Freundeskreis Tonio Pflaum", aus dem schließlich der Verein „Städtepartnerschaft Wiwilí-Freiburg" hervorging. Bis heute trägt und pflegt der als gemeinnützig anerkannte Verein die Partnerschaft gemeinsam mit der Stadt Freiburg. Einbezogen vor Ort in Nicaragua ist auch das ländliche, dünn besiedelte Umland Wiwilís, wo die Menschen von der Landwirtschaft leben und viele kaum über die Selbstversorgung hinauskommen.

Wichtiger Baustein war der 1988 unterzeichnete Freundschaftsvertrag. Zwei Jahre später fand ein erstes maßgebliches Trinkwasserprojekt seinen Abschluss – dank tatkräftiger Mitarbeit von freiwilligen Helfern aus Freiburg sowie mit finanzieller Unterstützung vieler Spender und der Stadt Freiburg. 1991 gründete sich in Wiwilí die „Vereinigung für gemeindliche Entwicklung", Asociación de Desarrollo Municipial. Die Kooperation mit der Vereinigung ist „wesentliche Voraussetzung für die vielen erfolgreichen Projekte in Wiwilí", heißt es von Vereinsseite.

Einige Projekte laufen seit Jahren, andere sind zeitlich begrenzt. Gemeinsam ist allen, dass sie als Hilfe zur Selbsthilfe nach dem Prinzip der Nachhaltigkeit angelegt sind.

Eine stolze Erfolgsbilanz

Die Erfolgsbilanz der Partnerschaft dürfte alle, die daran beteiligt gewesen sind, mit Stolz erfüllen und liest sich so:

- Seit den 1980er-Jahren sind mehrere Trinkwasseranlagen sowie zahlreiche Häuser und Schulen gebaut worden.
- Das Radio Kilambé, eingerichtet mit Freiburger Spendengeldern, sendet weit in die Gebirgstäler und ist dort für viele Menschen die einzige Informationsquelle.
- Die von Landfrauen mit Heilkräutern belieferte und von einer Krankenschwester betreute Naturmedizin-Apotheke versorgt auch die Armen mit Medizin.
- Die Finca La Joba dient der Fortbildung in biologischer, nachhaltiger Land- und Forstwirtschaft; die erworbenen Kenntnisse werden an die Bauern weitergegeben.
- In den Casas Maternas, den Wöchnerinnenhäusern in Wiwilí, finden Frauen aus abgelegenen Dörfern vor und nach der Geburt Unterkunft und erhalten Beratung in Gesundheitsvorsorge und Familienplanung.

Es gibt noch viel zu tun

Die Solidarität mit den Ärmsten und Schwächsten sei „die wichtigste Motivation für unsere ehrenamtliche Arbeit", unterstreicht der Kreis der Freiburger Helfer. Ein Satz, der zum Mitmachen anspornen mag oder zumindest anstachelt, anderweitig Beiträge zu leisten: ob in Form von Spendengeldern, Kauf von fairgehandeltem Kaffee oder der Übernahme einer Patenschaft, um besonders bedürftigen Kindern den Schulbesuch zu ermöglichen.

Herausgestellt sei die Spendenaktion „Bildungsbausteine" der Freiburger Schulen. Die gesammelten Gelder fließen in die Ausstattung und den Neubau von Schulgebäuden. Zahlreiche Schulen im ländlichen Umkreis Wiwilís warten

Links: *Die Umgebung von Wiwilí bietet sehr gute Voraussetzungen für Kaffeeanbau. Eine Kooperative liefert die Bohnen, die zum „Partnerschafts-Wiwilí-Kaffee" verarbeitet werden.*

Oben: *Besonders Schulen profitieren von den Hilfen der „Städtepartnerschaft Wiwilí-Freiburg".*

auf eine Renovierung, zusätzliche Klassenzimmer, Wasseranschlüsse, Latrinen. Dagegen sind Turnhallen, Schulküchen und die Gestaltung abgeschlossener Schulhöfe ein Luxus, an den bislang überhaupt nicht zu denken ist. Es gibt noch viel zu tun.

Kleine Bilder rechts, von oben nach unten:
Die Stadt Freiburg und der Wiwilí-Verein unterstützen den Bau von Trinkwasseranlagen in den Umlandgemeinden.

Mit Freiburger Spendengeldern sind Küchenabzugsrohre aus Metall oder Zement bezahlt worden, die dafür sorgen, dass die Hausfrauen nicht durch die ständig verrauchte Luft gesundheitlich geschädigt werden.

Hier wird Brot gebacken: Von Spendengeldern erworbene Ofenklappen und Kaminschieber regulieren das Feuer und reduzieren den Brennholzbedarf.

Radio Kilambé in Wiwilí – eine wichtige Verbindung vieler zur Welt.

Rechts:
Für Schokoleckermäuler: Produkte von „El Castillo del Cacao".

Granz rechts:
Für Gesundheitsfanatiker: Obst in Hülle und Fülle auf diesem Marktstand in Estelí.

Rechts:
Bekanntes und Exotischeres hält dieser Marktstand in Estelí bereit.

Ganz rechts:
Bohnen sind unverzichtbare Bestandteile in der einfachen Küche Nicaraguas.

Oben:
Nicaraguaner sind nicht solche Sklaven des Uhrzeigers wie Europäer. Zeit für einen Plausch nimmt man sich immer, so wie hier in Estelí.

Links:
Ein strahlendes Lächeln und wohlgeordnete Ware in einem Kiosk in der Großstadt Matagalpa.

Oben:
Leuchtweiß erstrahlt die Catedral de San Pedro im Herzen von Matagalpa. Der Bau stammt aus der 2. Hälfte des 19. Jahrhunderts.

Rechts:
Nicaragua ist nicht von großen Abholzungen verschont geblieben, hier bei Matagalpa.

Nicaragua ist auch ein Land vieler Seen, was das Gebiet um Sébaco einmal mehr unterstreicht. Hier holt man sich fern von den beiden Meeren, an die das Land stößt, seine Abkühlung.

Tropisches Inseldoppel – Corn Islands

Edelkitsch, aber Wirklichkeit: Ausblick zum Sonnenuntergang von der South West Bay auf Big Corn Island.

Big Corn Island und Little Corn Island bilden dieses tropische Inseldoppel in der Karibik; die nächstgelegene Festlandsstadt heißt Bluefields. Da die Inseln bis Ende des 19. Jahrhunderts unter britischem Protektorat und danach noch einige Zeit unter US-Pacht standen, ist die englische Bezeichnung Corn Islands bis heute gebräuchlicher als die spanische (Islas del Maíz). Der Name „Mais-Inseln" beruht auf dem vormals verbreiteten Maisanbau. Davon ist kaum etwas geblieben. Typisch für die überbordende Vegetation sind Bananenhaine, Mangobäume, Kokospalmen, Bougainvilleen, Hibiskus. Die Bilder der Exotik stürzen in einen Rausch.

Vor vielen Jahrhunderten dienten die Inseln als Piratennester. Heute haben es Traveller auf anderweitige Schätze abgesehen: die Strände, die Tauch- und Schnorchelreviere im kristallklaren Wasser, das Lebensgefühl des karibischen Easy-going, abends frisch gefangene Langusten in einem Beach-Restaurant.

Gängigster Weg der Anreise ist der Flug mit einer Propellermaschine aus Managua. Die Landebahn auf Big Corn Island nimmt einen signifikanten Teil im Nordwesten ein. Little Corn Island liegt sieben Seemeilen entfernt und ist von der größeren Insel nur mit dem Boot zu erreichen. Angenehm auf Little Corn Island: Es gibt keine Straßen, keine Autos. Hier bewegt man sich zu Fuß fort. Dagegen empfiehlt sich auf Big Corn Island eine Rundtour per Rad.

Die Inseln bringen es zusammen auf eine Fläche von gerade einmal 13 Quadratkilometern. Dicht besiedelt ist die „Große Mais-Insel", auf der sich Schätzungen zufolge mittlerweile 13 000 Menschen ballen. Wichtige Einkommensquellen sind Fischfang und Fremdenverkehr. Auf beiden Inseln gibt es Unterkünfte für jeden Geldbeutel, ob Hotels oder Hostels.

Der Anflug auf Big Corn Island stimmt bereits so richtig auf die Inselwelten ein.

Kein Aussichtspunkt, sondern der Anflug gibt diesen Blick über Teile von Big Corn Island frei.

Pro Tag treffen einige Propellermaschinen auf dem kleinen Flugplatz von Big Corn Island ein.

Oben:
Karibische Strandstimmung auf der „Großen Mais-Insel“ – South West Bay.

Rechts:
Bunte Hafenansicht auf Big Corn Island. Der Fisch- und Meerestierfang ist ein wichtiges Standbein der Wirtschaft.

Oben:
Hier geht es sanft und sicher hinein in die Karibik; Big Corn Island.

Ganz links:
Bei einer Radtour über Big Corn Island kommt man vielfach direkt am Meer vorbei.

Links:
Steg an der South West Bay auf Big Corn Island.

In einem abgelegeneren Teil der South West Bay verschmelzen die Bilder aus verschiedenen Welten: Strandspaziergänger und weidendes Rind auf Big Corn Island.

Richtig hohe Berge und große Steigungen gibt es auf Big Corn Island trotz des dramatischen Schildes eigentlich nicht.

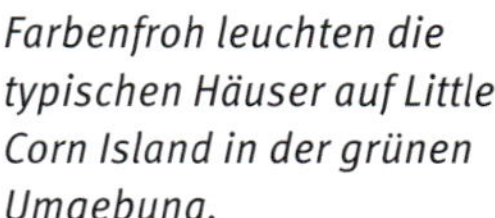

Die dichte Vegetation auf Little Corn Island komponiert ein grünes Bild vor dem Türkisblau der Karibik.

Farbenfroh leuchten die typischen Häuser auf Little Corn Island in der grünen Umgebung.

Oben:
Plätzchen mit wunderbarem Ausblick an der Ostküste von Big Corn Island.

Rechts:
Randy wurde auf der „Großen Mais-Insel“ geboren.

Ganz rechts:
Das ist Reina, die in einem Restaurant auf der „Kleinen Mais-Insel“ kocht.

Oben:
Einfach die Seele baumeln lassen – so lässt es sich auf Little Corn Island aushalten.

Ganz links Mitte:
Radverleiher Frankie mit Enkelin; Big Corn Island.

Ganz links unten:
Missionsschwester Maribel; Big Corn Island.

Links:
Kinder auf dem Hauptweg über Little Corn Island.

Register

50 km
EL SAL-
VADOR
San Miguel
Choluteca
Golfo de
Fonseca
Volcán Cosigüina
858 m
Punta Cosigüina
El Congo
Jiquilillo
Basilika
El Viejo
Chinandega
Chorotega-Museum
Corinto
P a z i f i s c h e r

HONDURAS
NICARAGUA
COSTA RICA
Atlantischer Ozean
Cabo Gracias a Dios
Laguna Bismuna
Río Coco
Leimus
San Carlos de Río Coco
Cocolad
Río Wawa
Laguna Pahara
Bocay
Bonanza
Puerto Cabezas (Bilwi)
Laguna de Karatá
Kukalaya
Wamblán
Jalapa
Wiwilí
Cerro El Torro 1.652 m
San José del Bocay
Siuna
Susucayán
Ocotal
Kathedrale Ciudad Antigua
Quilalí
Cerro Kilambré 1.755 m
Cordillera Isabelia
Río Layasiksa
Laguna de Wounta
Alamikamba
Prinzapolka
Somoto
Yalagüina
Valle Ducuali
Archäologisches Museum
Condega
Volcán Yalí 1.542 m
General Sandino-Museum
San Rafael del Norte
Makantaka
Río Grande de Matagalpa
La Sirena
Mancotal
Lago de Apanás
San Pedro del Norte
Estelí
Stein-skulpturen
Jinotega
El Tuma
Río Blanca
Karawala
La Trinidad
El Sauce
Cristo Negro
Matagalpa
Cordillera Dariense
Sébaco
Matiguás
Cayos Guerrero
San Dionisio
El Jicaral
Ciudad Darío
Cerro Alegre 1.135 m
Puertas Viejas
Serranías Huapí
San Jacinto
Volcán Momotombo 1.279 m
Heisse Quellen Aguas Claras
Boaco
Laguna de Perlas
Cayo Tungawara
Siquia
Pta. de Perlas
León Viejo
Museo La Casa San Jacinto
Lago de Managua
San Benito
San Francisco
Camoapa
Haulover
Nagarote
MANAGUA
Tipitapa
San Lorenzo
La Ruta de Oro
La Libertad
El Rama
Nationalmuseum
Kathedrale
Huellas de Acahualinca
Zoo
Archäologisches Museum
Juigalpa
Muelle de los Bueyes
Escondido
Bluefields
El Bluff
Santa Rita
Fortaleza El Coyotepe
Masaya
Villa Sandino
Garrobo Grande Pyramiden
Isla del Venado
Acoyapa
Granada
Pueblos Blancos
Santa Isabel
Diriamba
Jinotepe
Bahía de Bluefields
Montelimar
Masachapa
Volcán Mombacho 1.221 m
Nandaime
PN Zapatera
Isla Zapatera
Lago de Nicaragua
Nueva Guinea
Punta Mono (Monkey Point)
Casares
Paso Real de Ochomogo
Volcán Concepción 1.610 m
Altagracia
Puerto Morrito
Cordillera Yolaina
Veracruz de Acayo
Belén
Punta Gorda
El Astillero
San Jorge
Isla de Ometepe
Volcán Maderas 1.345 m
Rivas
San Miguelito
Popoyo
La Virgen
Bahía Punta Gorda
San Juan del Sur
Wal-Beobachtung
Sapoá
Archipiélago Solentiname
San Carlos
La Flor
Schildkröten-Beobachtung
El Pochote
El Castillo
Castillo de la Inmaculada Concepción
San Juan
Bahía del San Juan del Norte
San Juan del Norte

Nicaragua ist, wie andere Länder auch, ein Reiseziel mit Licht und Schatten – aber umwerfend schön!

Impressum

Buchgestaltung
Matthias Kneusslin
www.hoyerdesign.de
Karte
Fischer Kartografie, Aichach

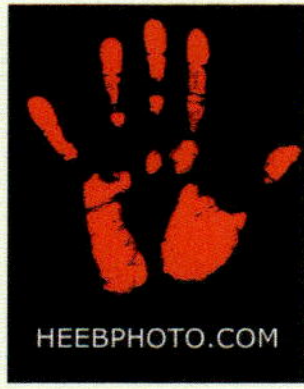

Christian Heeb, der Schweizer Fotograf dieses Buches, veranstaltet jedes Jahr mehrere Fotoreisen und Workshops in den USA. Weitere Informationen unter www.heebphoto.com

Printed in Italy
Repro: Artilitho snc, Lavis-Trento, Italien
www.artilitho.com
Druck und Verarbeitung:
Grafiche Stella srl, Verona, Italien

ISBN 978-3-8003-4293-8

Unser gesamtes Programm finden Sie unter:
www.verlagshaus.com

Bildnachweis
Alle Bilder von Christian Heeb mit Ausnahme von: Andreas Drouve: S. 28 oben rechts; S. 28 unten; S. 29 oben; S. 30 oben; S. 30 unten rechts; S. 31 (2 Abb.); S. 32 links: S. 33 rechts unten; S. 37 unten; S. 39 unten; S. 47 oben; S. 48/49 (7 Abb.); S. 50 unten (2 Abb.); S. 51 unten; S.55; S. 58/59 (4 Abb.); S. 63 unten; S. 69 unten; S. 75 unten; S. 87 rechts, 2. Bild von oben; S. 87 rechts, 3. Bild von oben; S. 88 (2 Abb.); S. 89 oben; S. 90 oben; S. 91–95 (7 Abb.); S. 100 oben; S. 102/103 (6 Abb.); S. 124/125; S. 126/127 (3 Abb.); S. 128 (2 Abb.); S. 129 unten (2 Abb.); S. 130–133 (11 Abb.).

Wikimedia Commons: S. 28 oben links: kroonskollektion, Lizenz cc-by-sa 2.0; S. 29 unten; S. 30 unten links: MarioFernandoAburto, Lizenz cc-by-sa 4.0; S. 32/33 oben; S. 33 rechts oben: Roman Bonnefoy, Lizenz cc-by-sa 4.0; S. 33 rechts Mitte; S. 89 unten: Fremdenverkehrsamt Nicaragua; S. 90 unten: Fremdenverkehrsamt Nicaragua; S. 118/119: Hayo Wetzlar, www.wiwili.de (Wiwilí-Verein Freiburg); S. 129 oben: Fremdenverkehrsamt Nicaragua.

Danksagung:
Der Verlag bedankt sich bei Hayo Wetzlar und dem Wiwilí-Verein Freiburg (www.wiwili.de) für die freundliche Unterstützung in Form von Bildern und Informationen. Ein besonderer Dank des Autors geht an die Tourismusbehörde von Nicaragua (Instituto Nicaragüense de Turismo) und an Frau Isabell Böck von der Kommunikationsagentur Fame Creative Lab.